✻ DÉFENSE D'UNE VILLE OUVERTE

Rambervillers

⚊ en 1870 ✻

par

✻ Maurice Delin ⚊

NANCY

J. ROYER, 1 et 3, Rue de la Salpêtrière

—

1895

RAMBERVILLERS EN 1870

DÉFENSE D'UNE VILLE OUVERTE

RAMBERVILLERS

EN 1870

PAR

Maurice VELIN

NANCY

J. ROYER, 1 et 3, Rue de la Salpêtrière.

1895

AVANT-PROPOS

Le vingt-cinquième anniversaire de 1870 provoque en Allemagne des manifestations bruyantes, sans grandeur, parce qu'elles sont sans générosité.

Nous aussi, sans remonter à Iéna, nous avons nos souvenirs de gloire.

Je suis trop bien placé pour ne pas penser d'abord à l'héroïque défense de Rambervillers. J'ai relu les récits de ce fait d'armes. Souvent inexacts au point de vue de l'histoire générale, ils sont surtout insuffisants pour l'histoire locale ; on a conservé peu de noms, et pour ainsi dire aucun épisode et aucune anecdote.

Or, au 9 octobre 1870, j'avais neuf ans. Je me souviens très nettement de ce que j'ai vu et entendu : peu de choses le jour du combat, beaucoup pendant les trois jours suivants, alors que nous étions les hôtes forcés d'abord du colonel de la Roche, puis du général de Werder, enfin du prince Guillaume de Bade ; journées d'angoisses et de larmes, où il fallait soulager des douleurs, et supplier pour les prisonniers et pour la ville.

Il m'a semblé qu'il y avait là un travail à refaire, tandis qu'une partie des combattants existe encore.

Dès les premières démarches, j'ai pu constater combien les souvenirs sont vivants. J'ai interrogé un grand nombre de personnes : toutes ont mis à me répondre un empressement et une sincérité dont je leur exprime ici ma vive gratitude.

Pour moi, j'ai fait le plus consciencieusement possible les recherches que j'entreprenais, et je n'ai rien écrit sans un rigoureux contrôle. Je veux, en effet, que ce travail soit absolument sincère, et qu'il reste l'histoire définitive de cette glorieuse journée.

Rambervillers, le 9 octobre 1895.

RAMBERVILLERS EN 1870

La Garde nationale de Rambervillers.
Sa Formation. — Ses Travaux.

La garde nationale, régulièrement constituée à Rambervillers dès le début de la guerre, remaniée ensuite suivant de nouvelles instructions, comprenait 350 hommes armés. Ils étaient sous les ordres du commandant Petitjean, et munis, pour la plupart, de fusils à piston ; un certain nombre avait des fusils à tabatière et quelques-uns des carabines.

La petite troupe, à peine exercée, poussait assez loin des reconnaissances : jusqu'à Azerailles, où elle prenait contact avec l'ennemi ; jusqu'à Baccarat et vers Sainte-Hélène.

Le 6 octobre, dans la nuit, la garde nationale était rassemblée et marchait, d'après un ordre du général Dupré, sur le col de la Chipotte, où elle s'établissait. Elle était renforcée des hommes des villages voisins. Le combat de Nompatelize allait s'engager, et le mouvement commandé avait pour but d'empêcher les Allemands, qui arrivaient en masse à Raon et Etival (1), de passer par Saint-Benoit, et de tomber, par Autrey et Brouvelieures, sur les derrières de l'armée française.

---

(1) 14e corps d'armée, général de Werder, devenu disponible par suite de la capitulation de Strasbourg.

Etablis derrière des abatis d'arbres, dans la forêt et sur la montagne, ces hommes assistèrent pendant toute la journée à la bataille qui se livrait au-dessous d'eux. Ils supplièrent vainement leur commandant de les laisser descendre dans la plaine, et prendre part à la lutte. Fidèle à la consigne, M. Petitjean les maintint dans leurs positions. Aujourd'hui encore j'entends leurs plaintes à ce sujet. Un livre pseudo-militaire, qui par ses anecdotes récolte quelque succès, s'en est fait l'écho. Il contient ceci : « Leur commandant, brave soldat, mais peu susceptible d'initiative, comme l'ont été à peu près partout les vieux officiers de l'ancienne armée, n'avait jamais voulu prendre sur lui de quitter le poste où on l'avait placé. »

Le devait-il donc ?

D'un instant à l'autre, 5 ou 6,000 Allemands pouvaient se présenter au col de la Chipotte. Ce n'aurait pas été trop de la totalité des hommes disponibles non pour tenir tête à l'ennemi, mais pour retarder sa marche. Il y allait éventuellement du salut de l'armée.

Que les braves gardes nationaux, au bruit du canon et au spectacle de la bataille, ne se soient pas rendu compte de l'importance de leur position, et aient voulu marcher à l'ennemi, cela fait l'éloge de leur courage. Mais je ne comprends pas cet auteur qui, d'une plume légère, critique si durement un excellent officier et l'ancienne armée tout entière.

Cette bataille avait singulièrement surexcité les esprits.

Le lendemain une cinquantaine de cavaliers traversent la ville de Rambervillers (1). Ils viennent demander les armes. Mais devant l'attitude hostile de la foule, ils se

---

(1) L'un d'eux interpelle Guillerez chez qui il a travaillé comme ferblantier pendant les deux dernières années.

retirent, entrainant avec eux M. Kretz, organiste. Ils ne le relâchent qu'au bois Béni.

Situation de la Garde nationale dans les Vosges.

Le 8 octobre, la municipalité n'ayant plus aucun doute sur les dangers de la situation, demandait le désarmement de la garde nationale.

L'armée française était en retraite sur Epinal et Besançon ; Strasbourg était tombé aux mains des Allemands qui s'avançaient à travers les Vosges. La garde nationale de notre département abandonné n'avait donc plus sa raison d'être, qui était de prêter main forte aux troupes régulières, de maintenir leurs communications, et de les renseigner ; on ne lui demandait pas de lutter seule, sans appui, sans espoir, sans utilité pour la Patrie, au risque de compromettre la ville elle-même et les habitants.

On conduisit comme à l'ordinaire des détachements en reconnaissance sur différentes routes. A la halte, on invita les hommes à déposer leurs armes sur des chariots préparés à cette intention. Ceux qui désiraient servir pouvaient gagner Epinal.

Ils refusèrent net.

Déjà, quand on avait appris l'entrée insolente de 4 uhlans à Nancy, l'opinion s'était émue : « C'est honteux ! disait-on ; sans doute il faut céder à la force, mais non sans avoir sauvé l'honneur. » « Voici l'ennemi, répondirent les gardes nationaux ; nous nous battrons, et puis nous rejoindrons l'armée. »

Les hommes qui n'avaient pas fait cette marche, recevant isolément les ordres, s'y conformèrent et furent seuls désarmés.

Le 9 Octobre. — Premier Engagement.

Le lendemain, dimanche 9 octobre, jour de la Sainte-Libaire, patronne de la ville, vers une heure après midi, cinq ou six coups de fusil éclataient, suivis, quelques minutes plus tard, d'une courte fusillade.

Voici ce qui s'était passé :

Une troupe d'environ 70 hussards arrivait de Raon. Un boucher la signala d'abord, puis le guetteur du clocher. La nouvelle se répandit immédiatement.

Le gros du détachement s'était arrêté vers la croix de mission. Quinze cavaliers, sous la conduite d'un officier, s'étaient avancés jusqu'à la première maison. Oger, qui en sortait, fut appelé par eux et entouré pendant que l'officier l'interrogeait : « Y a-t-il dans la ville des troupes régulières ou des francs-tireurs ? » Oger répondait négativement. A ce moment même, Laurent, lieutenant, Brunier, sous-lieutenant, Bochard et Sautou, accourus à la première rumeur, tiraient aux environs de la chapelle Saint-Antoine sur trois cavaliers qui s'étaient portés en éclaireurs. L'un d'eux, démonté, réussissait à s'enfuir en croupe d'un camarade.

Oger échappa par un saut brusque aux coups de sabre qui lui étaient portés ; il se réfugia dans sa maison dont les cavaliers lardèrent la porte.

Lui aussi prit son fusil ; mais les prussiens s'étaient déjà repliés au galop sur le groupe principal qui se déploya aussitôt, et, après quelques coups de carabine, essaya de forcer le passage.

L'attitude résolue de 5 hommes, peut-être aussi l'apparition dans les houblonnières, au-dessus du cimetière, de plusieurs curieux et d'un garde national, les décidèrent à la retraite

Avant le Combat.

La population entière savait aussitôt ce qui venait de se passer.

Sautou, après les premiers coups de fusil, avait saisi le cheval blessé à l'étrier duquel pendait une botte ; il avait sauté en selle.

On promena le cheval par la ville ; son épaule était couverte de sang ; un enfant portait la botte au bout d'un bâton. Je vois encore passer ce cortège. Le ciel était couvert de nuages sombres, à reflets jaunâtres. Impression première d'une terrible journée !

Il y eut un moment de stupeur.

Les gardes nationaux couraient, en armes, vers la place de l'Hôtel-de-Ville. Les femmes pleuraient.

Bientôt le tocsin retentit (1). Le tocsin, c'était l'appel aux armes et la demande de secours.

On s'arma et l'on descendit dans la rue.

Devant ce mouvement populaire qu'ils n'avaient pas provoqué, les officiers avaient pris le commandement.

Des reconnaissances étaient envoyées sur les routes d'Epinal, de Jeanménil, de Bru et de Baccarat.

La plus importante et la plus exposée, sur Jeanménil et Bru, était commandée par le lieutenant Laurent. Ancien sous-officier, ayant fait plusieurs campagnes, Laurent a

---

(1) C'est un garde national qui fit sonner le tocsin par Philippe, du hameau des Carrières. Lorsque le combat fut engagé, les Allemands criblèrent de balles le clocher ; le tocsin sonnait quand même. Le cimetière était pris, les barricades forcées, le tocsin sonnait toujours ; il sonnait encore quand les Prussiens envahirent l'église. Philippe, qu'une infirmité empêchait de combattre, avait trouvé une autre façon d'être héroïque. Il n'eut pas le temps de s'enfuir. Il se blottit dans une cavité de la voûte et se couvrit de débris. Le lendemain seulement il put sortir, heureux d'avoir échappé à la soigneuse perquisition dont il avait été l'objet et le témoin.

montré dans toute cette journée un grand sang-froid et beaucoup de valeur. Il avait sous ses ordres environ 30 volontaires. Il les déploya au sortir de la ville, les espaçant de 25 mètres, et s'avança ainsi jusqu'au revers du plateau qui domine Bru, à deux kilomètres et demi de Rambervillers.

Une colonne allemande débouchait de Bru. Elle était précédée de cavalerie. Les nôtres se trouvaient en terrain découvert et sans appui.

Profitant habilement de l'élévation du plateau qui masque aux Allemands la position réelle de la petite troupe, le lieutenant Laurent fait faire demi-tour à ses hommes et les ramène lentement en obliquant à gauche. Il se replie ainsi vers l'avenue plantée d'arbres de la forge Gouvernel, qu'il atteint lorsque les Allemands, après s'être avancés avec la plus grande circonspection, débouchent sur la hauteur. Nos éclaireurs se retirent le long de la route d'Autrey ; une partie entre au cimetière qu'on commence à créneler : l'autre garnit la barricade du pont des Laboureurs.

20 hommes seulement rentraient. Les 10 autres s'étaient séparés en appuyant trop sur la gauche dans la marche en avant. Le vent soufflait avec une violence telle qu'il fut impossible de les rappeler. Cela donne une idée de leur instruction militaire. Cependant ils avaient avancé sans hésitation, en rase campagne ; ils avaient opéré leur retraite en bon ordre, et tout à l'heure ils allaient se comporter au feu comme de vieux soldats.

Les 10 hommes égarés, sous la conduite de Charles Oger, durent se replier vers Malplantouse et la Tuilerie.

Laurent vint dire au commandant qu'une colonne paraissant forte d'environ 2,000 hommes, se dirigeait sur

Rambervillers, tandis que d'autres troupes gagnaient Jeanménil.

Il fut aussitôt envoyé pour reconnaître de nouveau les dispositions des Allemands. Il partit avec M. Bois, instituteur de Rambervillers. Cet excellent maître, l'un des meilleurs qu'on puisse rencontrer, avait une haute et juste idée de l'enseignement et de ses devoirs. Il a fait beaucoup de bien, parce qu'il joignait l'exemple à ses leçons. Pendant toute cette journée, il combattit tête nue, aux endroits les plus dangereux. Comme il était déjà chauve, il répétait à peu près le mot de Henri IV : « Ralliez-vous à mon panache blanc ». Une telle conduite vaut bien toutes les phrases de la morale civique sur l'honneur et sur la Patrie.

Ces deux hommes ne purent guère dépasser les bifurcations des routes de Saint-Dié et d'Autrey. Déjà les Allemands arrivaient à la maison Kessler, entre les routes de Saint-Dié et de Raon. 1,200 hommes environ prenaient position en ce point. Au retour, M. Bois entre au cimetière. Le lieutenant Laurent va faire son rapport au commandant, qu'il trouve au pont des Laboureurs.

La reconnaissance poussée vers la route de Baccarat n'avait rien rencontré ; mais elle vit les Allemands qui débouchaient de Bru, et se replia. 5 hommes de ce détachement, entre autres Félix Thomas et Emile Maurice, se postèrent à la distillerie Dury.

Pendant ce temps (1), les dispositions suivantes avaient été prises en ville. Le cimetière, point avancé et citadelle de la défense, avait été crénelé. Une barricade, composée de quelques voitures et de quelques planches, avait été

---

(1) Le commandant Petitjean avait eu un instant l'idée de livrer le combat en dehors de la ville, contre la forêt. La marche rapide des Allemands ne le lui permit pas.

élevée en travers du pont des Laboureurs ; une autre, sur la place des Vosges, en travers de la ruelle Sous-Bayard ; elle s'opposait au mouvement enveloppant des Prussiens.

Quelques travaux avaient été commencés à l'entrée de la route de Baccarat, et à l'entrée de la ruelle de la Rigole, sur la rue des Fontaines.

Les tireurs étaient ainsi répartis : une quarantaine au cimetière, une quinzaine d'autres en tirailleurs dans les houblonnières qui flanquaient le cimetière à gauche. La crête de la hauteur entre le ruisseau Monseigneur et la Mortagne était ainsi garnie. Sur la rive droite du ruisseau Monseigneur, la distillerie Dury était occupée par 5 hommes ; à la tuilerie se trouvaient une dizaine de pompiers ; dans la rue du vieux chemin de Bru, une maison en construction, le préau de Melle Mersey, était garni d'une dizaine de bons tireurs. La barricade du pont des Laboureurs était occupée au début de l'action par une quarantaine d'hommes. Cette barricade empêchait le cimetière d'être tourné immédiatement, grâce à l'abri de la maison Oger. Enfin, un poste avait été placé près de l'hôpital, et quelques tireurs isolés se dissimulaient le long de la rivière, derrière les arbres.

Il ne faut pas croire cependant que les officiers aient pu disposer les hommes à leur gré : chacun avait suivi ses amis, et plutôt l'inspiration du moment que l'ordre des chefs.

Première Attaque du Cimetière.

Il était environ deux heures et demie.

Une grande activité était déployée pour mettre le cimetière en état de défense. Plusieurs hommes, entre autres Jules Marchal, avaient laissé pour un instant leur fusil ; à l'aide de pioches et de leviers, ils faisaient des créneaux dans le mur de clôture. Leurs camarades occupaient immédiatement chaque brèche. Les Allemands, en effet, commençaient à se déployer, à la hauteur de la maison Kessler.

On n'était pas nombreux, au cimetière : une quarantaine d'hommes au plus (1).

Lorsque les Allemands arrivent à bonne distance, le lieutenant Poirson commande deux feux de salve, puis le tir à volonté. Il passe de l'un à l'autre. « Soyez calmes, et visez bien », dit-il.

Ils visent si bien, nos braves, que les Prussiens ébranlés se rejettent en désordre derrière la maison Kessler. Vainement les officiers, à coups de plat de sabre, essayent de les retenir. Ils sont entraînés, et doivent se résigner à attendre des renforts.

Quelle était donc la force de cette troupe qui faisait si triste figure à 600 mètres des 40 défenseurs du cimetière ? La relation du grand état-major prussien nous l'indique : le 2ᵉ bataillon de mousquetaires du 4ᵉ régiment d'infanterie rhénan (30ᵉ) et un escadron de hussards, soit 1,048 fantassins et 163 cavaliers, sous les ordres du lieutenant-colonel Nachtigal.

Pendant une demi-heure, les gardes nationaux ne purent tirer au passage que quelques hommes qui couraient de la maison Kessler au fumier Paquot. Ce fumier, entouré

---

(1) J'ai fait tout mon possible pour recueillir leurs noms, car ils ont combattu avec le plus grand courage.

MM. Arnoud, Barthélemy, Bernard, Bertrand Auguste, Biéler, Bochard, Bois, Chevalet Auguste, Cherrier C.-J., Debaye, Demange F., Demange J.-B., Drouël Alfred, Gérard, Guidot, Guillaume, Kleinholff, Lallemand Charles, Laurent Nicolas, Marchal Jules, Macret, Noël J.-B., Noël Adolphe, Oger Antoine, Pano, Perrin, Perry, Rebouché, Renard, Thirion.

Leurs chefs étaient les lieutenants Poirson et Gauderth.

de murs, était un excellent abri pour les Allemands. Ils s'acheminaient ainsi vers les maisons qui les mettaient à couvert du feu du cimetière.

Deuxième Attaque du Cimetière.

Enfin les renforts arrivent : c'était le 3ᵉ bataillon du même régiment. Les Prussiens réunissent donc pour l'assaut environ 2,100 fantassins. Ils n'ont point d'artillerie : leurs canons ont été arrêtés par les tranchées et les abatis d'arbres dans la forêt.

Ils prennent aussitôt position en arrière du chemin Sondrot. Une forte colonne forme la droite. Elle doit déborder le cimetière, tandis que le centre, sur deux rangs, l'attaque de front. A gauche, une grande partie du 3ᵉ bataillon doit s'avancer entre les routes de Saint-Dié et d'Autrey, sous l'abri partiel de plusieurs maisons et du talus du chemin.

La colonne de droite progresse rapidement, poussant devant elle les rares tirailleurs des houblonnières, seuls obstacles à sa marche. Le centre avance à découvert, sous le feu des 40 tireurs du cimetière. Au commandement des officiers allemands, la ligne tout entière se lève des sillons où elle est couchée ; elle tire une salve et parcourt, le dos baissé, une dizaine de mètres, puis se couche de nouveau.

Dès lors on pouvait compter le temps de la résistance. Le feu du cimetière devient plus vif et plus meurtrier ; ceux qui ne savent pas tirer chargent les fusils.

La croix de mission est dépassée. Les 700 Prussiens de l'aile gauche, protégés par les maisons, vont arriver en masse dans le faubourg de Saint-Dié. Mais la barricade du pont des Laboureurs arrête leur élan. Ils se réfugient derrière leur abri. 30 hommes mal armés, postés derrière des chariots vides, font reculer à 500 mètres de distance cette masse de Prussiens. C'est qu'à l'exemple de leurs chefs, ils tirent avec le plus grand sang-froid ; ils ne s'effraient pas des feux de salve dont l'ennemi les couvre. Malheureusement, tandis que les défenseurs du cimetière sont absorbés par la lutte de front, les Prussiens débordent la position par le haut. Blottis contre le mur, ils cherchent, du bout de leur fusil, à déverser sur les tireurs les larges pierres qui recouvrent le mur de clôture. Puis, à un signal donné, ils l'escaladent en masse.

Il est quatre heures et demie. Les nôtres ont tenu pendant une heure trois quarts. Ils ont brûlé en moyenne chacun 60 cartouches. Débordés, ils sont obligés peu à peu de lâcher pied. Mais quelle retraite ! La lutte continue encore pendant dix minutes, entre les tombes. Le vieux Thirion lâche en chantant son dernier coup de fusil, et il tombe lui-même mortellement blessé. Les Prussiens l'achèvent près de la maison Oger. Bochard, son voisin, cerné, longe en entier le cimetière, franchit le mur, et s'échappe en arrière des Allemands, vers le bois Béni. Debaye saute par une fenêtre et tombe derrière des cages à lapins, où il passe, dans des angoisses qu'on peut deviner, la moitié de la nuit. Il s'échappe vers onze heures du soir, et il voit dans sa fuite la longue file des voitures qui enlève les morts. Perrin, caché lui aussi dans des cages à lapins, n'est pas découvert. Guillaume, surnommé le Moucheton, est tué à côté de lui ; les soldats qui passent le lardent de coups de baïonnette. Ferry, un garde national de 18 ans, franchit le mur sous le feu : ses vêtements portent la trace de onze balles. Gérard est tué au moment où il va sauter ; Barthélemy lorsqu'il s'enfuit, près de l'atelier Lallemand ; Rebouché près de la chapelle Saint-Antoine et Drouin, sa fourche à la main, dans les jardins, près de la première maison. Renard est blessé, les Prussiens l'achèvent. Adolphe Noël et Demange avaient été tués dans l'intérieur du cimetière.

Nous pouvons nous demander comment les autres gardes nationaux réussirent à s'échapper. Car, tandis qu'une partie de leur colonne de droite franchissait le mur, l'autre se rabattait entre le cimetière et la ville, où aucune défense n'avait pu être ménagée. Les survivants n'ont guère de retraite que par l'angle de la muraille, vers le faubourg, sous la grêle des balles, presque au bout des baïonnettes.

Défense des Barricades. — Combat dans la rue.

Cependant, les Prussiens se glissaient à droite, le long des maisons ; ils descendaient par toutes les ruelles, jetant, derrière tous les abris, des tirailleurs qui attaquaient de près la barricade, tandis qu'une forte colonne marchait sur la Tuilerie, et en débusquait les quelques pompiers et gardes nationaux qui s'y étaient retranchés. Ils se replient en toute hâte par la ruelle des Rats, où les Prussiens les suivent.

Ceux-ci, en même temps, descendaient à travers les houblonnières, envahissaient le hallier Frachet et le préau Mersey, où les gardes nationaux tiennent jusqu'au dernier moment. Ce sont, entre autres, Nicolas, Charles André, Bernardin, Retournard, Charles Caspar, Vinot, Sagard, Thomas, Sautou, Colta, Frachet. Le major Berkhefeldt tombe sous leurs balles. Peu d'entre eux peuvent se retirer par le chemin de Bru, vers la barricade ; presque tous sont obligés de franchir les murs des jardins.

La barricade est donc tournée. Elle n'a plus pour appui que le poste de la rue des Fontaines, commandé par M..Petitcolin. Elle est menacée à droite par les Allemands qui suivent la ruelle Sous-Bayard. Cette ruelle débouche sur la place des Vosges. Le capitaine Dussourt envoie le lieutenant Laurent avec 5 hommes pour garder le passage. Voilà les moyens dont il dispose. Et cependant ce détachement, caché derrière la palissade d'un jardin, exécute un feu si violent que les Allemands suspendent leur marche.

Cette situation est intenable. Il est environ cinq heures. La colonne de la route de Saint-Dié, encore hésitante, est entraînée par un officier qui reçoit aussitôt une balle. Mais l'élan est donné. Le capitaine Besson, les gardes nationaux Dubas, Herrainville et Renard avaient été blessés. De l'autre côté de la maison Jeanpierre, les Allemands tiraient une salve sur Perry, qui était touché à l'épaule. Il faut quitter la barricade.

Schumacher, de sa fenêtre (1), abat encore, d'une charge de chevrottine, l'officier qui, le premier, franchit la barricade. Puis il veut s'enfuir par le jardin : les Allemands l'ont envahi. Il s'enferme, trouve un refuge dans la cheminée, et ne s'en tire qu'à force de présence d'esprit. Petit et Perry sont pris dans la maison Jeanpierre ; Eugène Bertrand dans la maison Diot.

Toute retraite est coupée, en effet, vers la rue des Fontaines. Les Prussiens, arrivant de la Tuilerie, ont débouché par toutes les ruelles et tous les jardins. La seule issue possible est celle où M. Dussourt entraîne le reste des combattants.

Dans la rue des Fontaines, Noirclair reçoit une balle

---

(1) Maison Lahalle, au coin des ruelles de Bru et Innominée.

dans la colonne vertébrale ; Frachet le porte dans la maison Jacquemin. Les Prussiens envahissent aussitôt la rue.

La place des Vosges est donc à l'ennemi. Dussourt continue pied à pied sa retraite par la rue Sur-Broué. Il profite de tous les abris, Thomas Blaise lui charge ses fusils. Cet exemple soutient les courages. Des gamins, parmi lesquels le petit Brignon, âgé de 9 ans, surveillent les mouvements de l'ennemi.

La nuit tombe. Dussourt a dû se replier jusqu'à l'angle de la rue des Marchands. Il y tient encore quelques minutes.

C'est alors que le tocsin s'arrête. Dans nos maisons, où l'on a passé ces longues heures à prier pour les combattants, on éprouve de ce silence une suprême angoisse : c'est la voix du clocher que les Prussiens baillonnent ; voici l'agonie de la ville, peut-être sa ruine.

Çà et là, on entend encore quelques coups de fusil : dans la rue des Fontaines, Guillerez tire jusque sur la porte de sa maison. Sur la place du Collège, M. Bois brûle sa dernière cartouche, du haut des degrés de la maison d'école. Près du pont Notre-Dame, c'est encore Dussourt ; abrité derrière le parapet, il arrête les Prussiens qui veulent déboucher de la rue Sur-Broué. Il abandonne enfin la lutte, lorsque les flots d'Allemands se répandent par la ruelle Franc-Colin dans le faubourg. A ce moment, ils arrivent aussi le long de la rivière ; ils prennent Delatte les armes à la main, et ils le traitent si cruellement avant de le tuer qu'à l'intérieur des maisons, bien loin, on l'entend crier : « Grâce, pitié, pitié ! »

La place du Collège est déjà couverte de soldats : Dussourt et ses derniers hommes tournent le coin de la promenade sous une grêle de balles. Ils se retirent par le Pré-Dieu vers les bois de Romont (1).

C'est fini. La nuit est complète. Le silence se fait.

Les Prussiens ignoraient encore à qui ils avaient eu à faire ; ils ne pouvaient soupçonner combien petit était le nombre de leurs adversaires ; ils redoutaient les surprises de la nuit. Le grand état-major prussien écrit : « Dans l'intérieur de la ville, les défenseurs opposèrent une résistance si tenace, que les Prussiens ne progressèrent que fort lentement. Leur chef, se bornant à se maintenir dans les quartiers conquis jusqu'au soir, donna l'ordre de suspendre le combat, pour le reprendre le lendemain matin ».

Rambervillers dut à la nuit et à l'incertitude des ennemis de n'être pas entièrement occupée ce soir même ; elle échappa de la sorte au sort affreux des villes prises d'assaut.

La gloire en revient à nos défenseurs. Les Prussiens eux-mêmes leur rendent un juste hommage. Nous qui retraçons cette histoire, nous sommes obligés, pour la vérité, de l'écrire : L'héroïque retraite de Dussourt et de ses compagnons a sauvé Rambervillers.

Le lendemain les colères étaient diminuées ; la rigoureuse discipline de nos ennemis réprima, il faut le reconnaître, la plupart des excès.

Après le Combat. — La Nuit.

Le silence de cette nuit fut encore troublé par quelques feux de peloton. On croyait tantôt à l'arrivée des secours, tantôt au commencement de la ruine. C'était l'exécution

---

(1) Après la retraite définitive de Dussourt par le Pré-Dieu, pas un de ces hommes ne devait échapper si la cavalerie allemande avait marché.

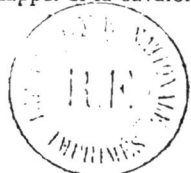

de nos blessés et de nos prisonniers, gardes nationaux pris les armes à la main, et d'autres qui furent « victimes d'une erreur ». Répression sauvage ordonnée par les chefs, que l'échauffement de la lutte n'excuse pas. Le sang des victimes sera tôt ou tard vengé ; car ce ne peut être impunément que des soldats se soient transformés en bourreaux.

Tandis qu'on prenait Delatte, j'ai dit comment, et qu'on le menait au pont des Laboureurs pour achever son martyre, on saisissait Noirclair dans la maison Jacquemin. Noirclair avait les reins cassés ; il mourait. Les Prussiens l'arrachent de son lit, le traînent le long de la ruelle (aujourd'hui rue Crevaux), et l'achèvent dans la rue des Fontaines. Son supplice a dû être horrible, car ses doigts étaient hachés : sans doute il avait cherché à se préserver la tête. Son cadavre portait plus de cinquante plaies. Il était abandonné près de la barricade.

Thirion, blessé au cimetière, avait été achevé moins cruellement, mais Renard est percé d'un tel nombre de coups que ses entrailles sortent à travers sa chemise déchirée.

Ils prennent Jacquemin dans la Grand'Rue, Belin qui n'avait pas combattu, Chanal, Martin, Christophe ; ils fusillent immédiatement Martin ; ils conduisent les autres à grands coups de crosse jusqu'à la route de Saint-Dié, où ils les passent par les armes.

Frachet est découvert dans une cave ; les soldats l'amènent au poste du pont des Laboureurs ; un officier lui flaire les mains, et sans mot dire, le couche à terre d'un soufflet. Il est poussé par le peloton d'exécution le long de la route. Soudain il détale à toute vitesse. Une salve ne l'atteint pas ; il se jette à la rivière, nage, vient respirer entre les branches d'un saule ; enfin il parvient chez M. Nangis, brasseur, qui lui prête des vêtements, un tablier et un broc de bière, avec lesquels il rentre tranquillement chez lui.

Dubas était mortellement blessé. Les Prussiens envahissent sa chambre. Ils aperçoivent derrière les rideaux les pieds d'un homme : c'était Joseph Dubas, le frère du moribond ; faible d'esprit, il s'était caché par peur. Les soldats lui mettent dans la bouche un canon de fusil, et lui font sauter la cervelle. Ils épargnent le blessé.

A ce moment, l'abbé Grégoire, vicaire de la paroisse, administrait les derniers sacrements à Mangin, ce pauvre garçon dont une balle avait traversé la tête. Une dizaine de soldats entourent soudain le prêtre ; ils croisent la baïonnette, et font à plusieurs reprises le simulacre de le tuer. Puis ils s'en vont, en riant : c'était un simple amusement.

Les Allemands avaient saisi tous les hommes dans le quartier où l'on avait combattu : ceux qui furent rencontrés dans les rues, ceux qui s'aventurèrent la nuit aux environs des postes, et, le lendemain, ceux qui leur parurent suspects d'avoir pris part à la défense.

Ils furent enfermés dans la maison qui fait l'angle du faubourg de Saint-Dié et de la ruelle Sous-Bayard. Aucun ne l'a oublié (1).

Avant de les jeter sur le sol ou dans la longue crêche de l'étable, on leur avait si cruellement lié les pieds et les mains que les cordes entraient dans les chairs, et que les membres enflaient. Au matin, un chirurgien militaire

---

(1) Le docteur Mangenot y fut aussi conduit après avoir été rudoyé, au mépris de son brassard de la Croix-Rouge. Les médecins prussiens lui demandèrent de les aider à soigner leurs blessés ; puis, se ravisant ils le firent reconduire à son domicile sans lui avoir laissé voir un seul de leurs soldats.

pénétra dans cette grange : l'un des prisonniers appela son attention sur cet odieux traitement. Le médecin s'approcha, tâta les liens, et ordonna de les relâcher. Dans la matinée, un sous-officier coupa les entraves des pieds ; mais il recommanda aux prisonniers de croiser leurs jambes afin qu'elles parussent encore attachées.

D'autres geôliers, au contraire, avaient pris plaisir à les torturer. D'heure en heure, ils leur annonçaient leur exécution prochaine.

La journée du 10 Octobre.

Au matin, l'abbé Grégoire parvint jusqu'à eux. Dès cinq heures, il s'était présenté chez le colonel Nachtigal, dans la maison Roch (1). On lui avait donné verbalement la permission qu'il sollicitait de reconnaître les morts. Il s'était ainsi avancé vers le cimetière ; mais il avait été rudoyé par les sous-officiers et les soldats. C'est à grand'peine qu'il put arriver près des prisonniers ; il eut plus de mal encore de les quitter. Mais il savait leurs noms, et il leur avait apporté un peu d'espérance.

Sans perdre de temps, il mit tout en œuvre pour essayer de les sauver. Le colonel Nachtigal l'avait bien accueilli : il retourna près de lui, plaida la cause de ces malheureux et cette démarche eut sans aucun doute une grande influence sur leur sort. Il s'en fallait de beaucoup, en effet, que la colère de nos ennemis fût apaisée. Ailleurs, on fusillait encore sans pitié et sans motif quelques-uns de nos compatriotes : c'était Pierre, meunier à Bru, garçon de 20 ans, qu'on exécutait ; et de l'autre côté de la ville, on assassinait Jacquot, un pauvre idiot qui cachait dans sa poche un morceau de gâteau.

---

(1) Dans le long vestibule de cette maison, 5 cercueils étaient alignés.

Les perquisitions opérées simultanément dans tous les quartiers ne donnaient pas grand résultat. On saisissait cependant dans l'atelier de Lallemant, contre le cimetière, plusieurs gardes nationaux encore armés ; ils ne furent pas fusillés ; on les réunit aux autres prisonniers : il faut constater cet acte d'humanité.

D'ailleurs, dans ces perquisitions, certains officiers et sous-officiers firent preuve de bienveillance. L'un d'eux cachait deux képis de gardes nationaux ; un autre demandait à un combattant de la veille ce qu'il avait à la tempe : il montrait l'éraflure d'une balle : « C'est mon fils qui m'a griffé », répondait le garde national en présentant un enfant de six mois. Le Prussien se contenta de sourire.

L'abbé Grégoire, dont tout le monde ici se rappelle l'activité et le dévouement (1), poursuivait à la fois ses démarches pour les vivants et pour les morts. Il présenta des pétitions, s'occupant d'abord des plus compromis, et demanda une autorisation écrite pour relever les cadavres.

Il put ainsi refaire ce triste trajet dont il faut donner une description.

Nos morts restaient étendus au bord du chemin, en butte aux outrages des soldats. Dans les plaies de Noirclair, ils avaient planté des cigares, et à presque tous, ils avaient mis un cigare aux lèvres ; à certains, une bouteille vide sous le bras. D'ailleurs, eux qui la veille avaient été si lâches au combat, ils affectaient de profaner les morts. Ils les perçaient à coups de baïonnette (j'ai dit à quel point Renard avait été haché) ; ils les frappaient à coups de botte, et plusieurs témoins, à différents moments, ont vu des Prussiens les souiller au visage d'une façon indigne.

---

(1) Presque toutes les personnes que j'ai interrogées sur ces évènements ont ajouté à leur récit : « Celui qui vous renseignera le mieux, c'est M. l'abbé Grégoire. Il osait aller partout, il a tout vu ».

Le respect de la vérité m'oblige à écrire ces choses, celui de mes lecteurs à les dire dans des termes voilés et adoucis.

Lorsque l'abbé Grégoire pénétra au cimetière, un sous-officier jeune encore le suivit à le talonner. Le prêtre s'agenouille près d'un mort et découvre son visage ; le sous-officier de cracher aussitôt sur le cadavre, et de le repousser d'un pied méprisant. Indigné, d'un bond l'abbé se relève : « Si je n'étais prêtre, dit-il en frémissant, je vous arracherais votre sabre, et je vous le passerais à travers le corps ». L'autre ricane et menace ; puis il tire de sa poche et exhibe la passe du colonel qui l'autorisait à vaquer à son douloureux ministère. A sa vue, le sous-officier « rectifie la position » et, la main au casque, il se retire à reculons. A défaut du respect des morts, il avait celui de la discipline. Il ne faut pas d'autre preuve pour montrer que les actes de sauvagerie auraient pu être évités si certains officiers eux-mêmes n'en avaient été tacitement ou formellement les complices.

Quelles étaient alors nos émotions ! A six heures du matin, les Allemands s'étaient répandus dans les rues, fouillant partout, demandant les armes, et cherchant les combattants de la veille.

Puis les soldats s'installèrent ; c'était le commencement d'une occupation qui devait durer trois ans.

Vers une heure, on nous apprenait qu'un de nos amis les plus chers, pris pendant la bataille, était détenu près du cimetière avec beaucoup des combattants de la veille.

A la maison, il n'y avait plus qu'un vieillard, une jeune fille, son frère, — un enfant alors, aujourd'hui l'auteur de ce récit, — une excellente amie et deux personnes toutes dévouées.

C'est l'une d'elles, Victoire Thomas, qui fut chargée

de porter un panier de provisions à ces malheureux dont on ne connaissait pas encore le nombre. Elle partit avec un sauf-conduit du colonel de la Roche, notre hôte forcé. Elle suivit, sous l'escorte de deux soldats, ce chemin que j'ai décrit sans en pouvoir rendre toute l'horreur ; elle vit les maisons criblées de balles, les volets arrachés, les fenêtres brisées, les meubles épars ; les soldats qui buvaient et chantaient au milieu des débris du pillage ; puis les morts, nos pauvres morts, sanglants et profanés (1).

Quand elle entra dans la grange et qu'elle vit les prisonniers couchés à terre et liés, elle pleura, et aussitôt tous les malheureux avec elle. Tous à la fois ils lui recommandaient de porter de leurs nouvelles à leurs familles.

Quand notre brave fille parvint à dominer son émotion, elle se rendit promptement compte de ce qu'elle pouvait tenter.

Elle alla chercher du vin chez un marchand voisin et fit porter les cruches par un garçon. Elle offrit à l'ami pour lequel elle venait, de le faire évader, une des cruches à la main ; mais il refusa, en disant qu'on n'avait pas de preuves contre lui, et qu'il fallait d'abord sauver les plus compromis. C'est alors qu'elle fit sortir Lesprit et Masson (Victor). Leur évasion ne fut pas remarquée.

Elle revint à la maison, et elle racontait encore ce qu'elle avait vu d'affreux, lorsque le général de Werder vint s'installer chez nous.

Ce fut elle qui le conduisit à son appartement. Il la fit entrer chez lui, et, se plaçant devant la porte :

(1) Le surlendemain, — c'est un de mes plus émouvants souvenirs, — elle me conduisit au cimetière ; en passant devant l'atelier de Lallemant, elle me montra l'endroit où l'un de nos braves était tombé ; moi, enfant, je ramassai du sable rougi de son sang « pour un souvenir ».

« Mademoiselle, lui dit-il brusquement, vous allez me dire tout de suite qui a tiré sur moi. — Mais, monsieur... — On ne m'appelle pas monsieur ! — Général... — Appelez-moi Excellence. — Hé ! bien, Excellence, je n'ai rien vu. — Vous avez vu quelque chose. Où sont-ils passés, vos francs-tireurs ? — Mais, monsieur Excellence, il n'y a jamais eu de francs-tireurs ici ; bien sûr que ce sont des soldats qui se sont battus ; mais nous nous sommes enfermés pendant toute la bataille et nous n'avons rien vu. — Dites immédiatement, ou bien je vous fais fusiller. — Vous ne voulez pas me faire fusiller ; je ne sais rien, laissez-moi sortir. » Le général lui ouvrit la porte ; il avait essayé, mais en vain, de se renseigner par surprise. Elle connaissait tous les gardes nationaux par leur nom. Combien à sa place eussent cédé à la terreur.

Victoire Thomas avait rapporté des indications précieuses sur les prisonniers. D'autre part, l'abbé Grégoire avait pu se rendre près d'eux. Il rédigeait des pétitions et des notes, et les faisait remettre au général de Werder par l'intermédiaire d'une jeune fille de 15 ans. L'hospitalité pleine de courtoisie et de dignité que le général recevait de cette jeune fille la fit bien accueillir et encouragea ses démarches.

Elle avait demandé d'abord et obtenu qu'on suspendit immédiatement les exécutions sans jugement. Successivement, du lundi soir au mardi vers trois heures de l'après-midi, elle sollicita de son hôte et avec succès, la grâce de la plupart des prisonniers.

La Contribution de Guerre.

Revenons de quelques heures en arrière. Le mardi, à sept heures du matin, les conseillers municipaux étaient convoqués par ordre de l'autorité prussienne. Ils se réunirent dans la maison Roch, où le général de Werder leur notifia ses volontés. Il imposait à la ville une contribution de guerre de 200,000 francs, qu'il fallait payer immédiatement.

La délibération fut courte ; force était de se soumettre aux exigences du vainqueur ; mais les démarches pour réunir la somme fixée furent longues. Le soir on n'avait encore que 89,000 francs. Les Prussiens n'étaient pas loin de croire qu'on ne pouvait tirer davantage d'une si petite ville. Aussi étaient-ils dans des dispositions presque favorables à l'heure où le général de Werder quittait Rambervillers.

Avant de sortir, il demanda à prendre congé de ses hôtes. J'ai gardé de cette entrevue un souvenir exact. Je vois encore d'ici le général avec sa figure osseuse et ses oreilles saillantes, et j'entends ses paroles. L'entretien eût lieu dans notre salon dont l'usage nous fut rendu pour la circonstance. Le général nous remercia d'abord de l'hospitalité qu'il avait reçue, puis, arrivant au combat de l'avant-veille : « Je sais, dit-il, que ce sont les habitants qui ont tiré. Vous m'avez abîmé 400 hommes et 12 officiers, ajoutait-il en s'animant par degrés ; vous m'avez tué mon meilleur ami (1) ; il m'avait préparé toutes mes cartes des Vosges ; c'est lui qui a planté le drapeau allemand à Strasbourg. Ah ! s'écria-t-il, les dents serrées, les poings tordus, si j'avais eu mes canons, il ne resterait pas une

---

(1) Je trouve dans l'ordre de bataille du 14ᵉ corps d'armée :

« Brigade combinée d'infanterie prussienne : général-major de Boswel, jusqu'au 10 octobre, remplacé par le colonel Wahlert. »

Or, le 4ᵉ régiment d'infanterie Rhénan appartenait à cette brigade. Le meilleur ami du général de Werder n'est-il pas le général de Boswel ?

pierre de votre ville ! On m'a tiré des officiers comme des loups, avec des plombs. Où est-il, ce *Tissourt* qui vous commandait ? Ce n'est pas de la guerre, c'est de l'assassinat ! »

Mais, se reprenant après cette sortie véhémente, il voulut être aimable : « Excusez-moi, mademoiselle, ajouta-t-il, de parler ainsi, devant vous, comme un soldat ; soyez certaine que je ferai tout mon possible pour vous être agréable. » La jeune fille lui demanda aussitôt la liberté des onze derniers prisonniers contre qui il n'existait aucune charge sérieuse (1). Le général la lui accorda de bonne grâce, et il ajouta : « Ne vous inquiétez pas pour la rançon ; comme on ne m'a pas fait de difficultés, je me contenterai de ce qui est versé ; on me donnera le reste en fournitures. »

Le général de Werder quittait Rambervillers, et avec lui le gros des troupes. Il ne laissait qu'un détachement, sous les ordres d'un colonel, et des convoyeurs.

Nos craintes étaient finies. Nous restions avec l'honneur d'une résistance acharnée et notre ville n'était point brûlée (2).

---

(1) Trois ans plus tard, cette jeune fille qui n'avait alors que 15 ans, se mariait. Les rues qu'elle eut à traverser étaient décorées de guirlandes ; l'Hôtel-de-Ville était orné de verdure et de fleurs et la musique municipale lui donnait une aubade. De telles manifestations ne sont pas dans les coutumes du pays ; elles marquaient la reconnaissance publique. J'en parle pour dire combien fut émue la jeune mariée de cette manifestation spontanée et populaire qui reportait le souvenir de tous à des jours pleins d'angoisses.

(2) Pendant la soirée du 11 octobre, M. l'abbé Pierrot put enfin procéder à l'ensevelissement des morts. Il le fit sous les bravades des Prussiens qui les poursuivirent de leurs railleries jusqu'au moment des dernières prières.

Le 12 Octobre. — Nouvelle Alarme.

Nous nous croyions donc délivrés de toutes les représailles, lorsque le lendemain matin (mercredi 12 octobre) le colonel fit appeler mon grand-père : « Vous avez menti au général de Werder, lui dit-il. C'est de sa part que je viens. Il y avait des francs-tireurs à Rambervillers. Ne niez pas, nous avons pris votre capitaine. »

Voici ce qui s'était passé :

Un individu s'était fait prendre (et comment) dans une auberge des environs. Il était vêtu en capitaine de francs-tireurs. Il affirma aux Allemands qu'il commandait la compagnie de Rambervillers. C'était un ridicule et criminel mensonge ; ce détraqué avait-il même fait partie de l'ancienne société de tir ? Quant à la diriger, jamais, et à se battre, encore moins. Lorsque le colonel le nomma, mon grand-père tâcha de lui faire comprendre la valeur de sa capture.

La nouvelle était déjà répandue ; chacun en comprenait la gravité, pour la ville, pour les otages, et pour les prisonniers. L'abbé Mathieu, le vénérable curé de Rambervillers accourut. Il parla dans le même sens. Il dit qu'il y était obligé dans l'intérêt général, et qu'il se désintéresserait absolument de l'auteur de ces nouvelles alarmes.

L'officier prussien fut assurément convaincu ; s'il avait cru tenir le commandant du 9 octobre, il l'aurait fait fusiller. Or, il s'en garda bien : il avait trop d'intérêts à ne rien laisser paraître.

Encore l'Indemnité de Guerre.

Dans l'intervalle, les conseillers municipaux avaient été de nouveau convoqués. Un officier leur notifia qu'il fallait immédiatement payer le reste de la rançon, sinon, on allait bombarder la ville (1).

Des conseillers municipaux, les uns restèrent en otage à l'Hôtel-de-Ville ; les autres firent un nouvel appel à la population. Ils ne savaient pas si, au retour, ils ne seraient pas envoyés en Allemagne, comme les onze derniers prisonniers. On venait de les voir passer, pieds et poings liés, sur une voiture à échelle. Au lieu de la liberté qu'on leur avait promise pour le matin même, c'était la captivité.

Pendant qu'on cherchait l'argent et les valeurs, pour la plupart enfouis, une certaine quantité d'artillerie traversait la ville et allait prendre position sur la hauteur du Croix-Ferry.

On attendait avec anxiété.

Enfin, vers deux heures, on apprit que la somme rassemblée paraissait suffisante aux Allemands. Les conseillers municipaux étaient libres. On avait recueilli environ 102,000 francs. Cela faisait, pour le total des deux journées, près de 190,000 francs. M. Henry Bourion fut délégué pour en faire le versement à Épinal (1). Il eut la tristesse de rencontrer les prisonniers toujours liés et trempés par la pluie.

Parmi les valeurs qu'il apportait, beaucoup étaient loin de leur valeur nominale ; d'autres n'étaient pas entièrement libérées. On n'en avait pas tenu compte au bordereau. Lorsque les Allemands lui rédigèrent le reçu,

---

(1) Voici ce qui est inscrit au registre des délibérations : « Le lendemain, 12 courant, les délégués de l'armée allemande ne voulurent plus accepter de marchandises et exigèrent, toujours sous les menaces de fait les plus graves, susceptibles de compromettre la sécurité et les intérêts de tous les habitants, que le paiement intégral soit fait en espèces ou en bonnes valeurs. »

(2) Extrait du registre des délibérations du conseil municipal. Séance du 11 octobre 1870.

il fit ajouter au texte : « pour solde ». Quelques mois plus tard ils relevèrent l'erreur du compte ; la municipalité argua de son reçu « pour solde » ; elle eut gain de cause, et on lui céda la totalité des valeurs pour 109,000 francs.

Par suite de cette diplomatie financière, Rambervillers ne fut donc que pour cette dernière somme, victime des exigences prussiennes.

Meurtre de Collot.

Dans la matinée du 12 octobre, il se commit un crime odieux, dont je veux dire un mot.

Vers huit heures du matin, des convoyeurs badois s'étaient installés dans le faubourg d'Epinal. Un certain nombre d'entre eux avait pénétré dans la grange d'un vieillard nommé Collot. Ils y fumaient malgré les risques d'incendie. Le pauvre vieux arrive : il tient d'une main un morceau de pain, de l'autre un couteau. « S'ils vont nous brûler, s'écrie-t-il, en levant les bras, qu'ils nous tuent plutôt ! » Les Allemands se prétendent menacés ; ils se jettent sur lui, appellent la garde ; on lie les mains de Collot et de sa femme, on les conduit à coups de crosse jusqu'à l'Hôtel-de-Ville : un sous-officier condamna le mari à mort.

On entraîne ces malheureux sur la route de Romont ; on les fait mettre à genoux l'un près de l'autre ; on fusille le mari, puis on relâche la femme. Elle mourait six mois plus tard.

Cette exécution avait été si rapide que l'abbé Grégoire ne put arriver à temps pour communiquer l'ordre de surseoir signé par le prince de Bade.

Indigné, il court chez le colonel, et devant ses officiers lui reproche avec indignation cet acte criminel. Pour comprendre tout le courage qu'il fallait pour parler ainsi, il faut se rappeler la situation de Rambervillers pendant cette matinée du 12 octobre. Cette démarche, d'ailleurs, ne fut pas stérile : une enquête fut ouverte sur cette affaire par les Allemands ; mais je n'ai pas pu savoir quel en a été le résultat.

Libération des Prisonniers

Les prisonniers de Rambervillers étaient internés à Mayence où ils étaient, de la part de quelques-uns de leurs compatriotes, l'objet d'une constante et active sollicitude. Des démarches particulières avaient été faites pour obtenir leur libération ; mais on se heurtait à de grands obstacles. En attendant mieux, on demandait des adoucissements pour eux. Un jour une pétition de l'abbé Grégoire lui revint avec cette mention, adressez-vous à l'autorité militaire.

Il part aussitôt pour Nancy et se présente au général de Bonin, gouverneur de la Lorraine. « Je n'ai aucun pouvoir sur les prisonniers, lui répond-il, adressez-vous au roi. » Le gouverneur lui dicte sa lettre. En même temps il écrivait lui-même. « Je m'engage à faire parvenir votre supplique, ajoute le gouverneur. Je l'appuierai près du roi. Mais je réponds de l'ordre en Lorraine, donnez-moi votre garantie pour Rambervillers. Vous serez mon otage ; s'il y a des troubles, c'est vous qui m'en répondrez. — Comme il voyait l'émotion de son interlocuteur : « c'est à prendre ou à laisser », reprend-il. Si vous ne signez pas, vos prisonniers ne reviendront qu'à la paix conclue. » L'abbé Grégoire n'hésita plus et signa généreusement.

Ceci se passait le 22 décembre.

Le 1er janvier, à sept heures du matin, les prisonniers rapatriés sonnaient à la porte du presbytère. Le général de Bonin les avait visités à leur passage à Nancy, et leur avait dit : « N'oubliez pas de faire mes amitiés à votre petit curé, c'est un brave ».

Les Morts et les Blessés.

Il nous faut résumer les pertes subies et citer les noms des glorieuses victimes de ces jours héroïques. Au rapport du commandant Petitjean, adressé après la guerre à l'autorité militaire, est annexé un tableau que je transcris.

1º Tués.

NOIRCLAIR Joseph, caporal sapeur-pompier, marié, sans enfant, 41 ans.

DUBAS François, caporal sapeur-pompier, peintre, marié, deux enfants, 47 ans.

REBOUCHÉ Amand, garde national, voyageur de commerce, célibataire, 23 ans.

THIRION Auguste, garde national, plâtrier, marié, quatre enfants, 55 ans.

RENARD Paul, garde national, manœuvre, marié, trois enfants, 39 ans.

DROUEL Nicolas-Alfred, garde national, célibataire, 52 ans.

GUILLAUME Nicolas-Auguste, garde national, sagard, marié, 28 ans.

DEMANGE Jean-Baptiste-Emile, garde national, cultivateur, marié, deux enfants, 35 ans.

GÉRARD Nicolas, garde national, manœuvre, célibataire, 27 ans.

JACQUEMIN François, garde national, plâtrier, marié, deux enfants, 42 ans.

BARTHÉLEMY Charles-Siméon, garde national, garçon marchand de vin, célibataire, 29 ans.

Delatte Sébastien, garde national, facteur, marié, trois enfants, 43 ans.
Laurent François, garde national, manœuvre, marié, sans enfant, 55 ans.
Guillaume Jean-Baptiste, garde national, ouvrier de fabrique, marié, trois enfants, 52 ans.
Ohling Antoine, garde national, cultivateur, marié, cinq enfants, 38 ans.
Martin Etienne, garde national, tonnelier, marié, deux enfants, 49 ans.
Dubas Joseph-Prosper, garde national, garçon brasseur, célibataire, 42 ans.
Hérainville Joseph-Antoine, garde national, paveur, marié, un enfant, 46 ans.
Noel Adolphe, garde national, manœuvre, célibataire, 20 ans.

2° Blessés.

Besson Charles-Claude, capitaine de la garde nationale, marié, sans enfant.
Mathieu Félix, pompier, marié, un enfant.
Jolly Nicolas-François, garde national, marié, deux enfants.
Arnould Jean-Joseph, garde national, marié, un enfant.
Colin Joseph, garde national, marié, un enfant.
Poirot Joseph-Antoine, garde national, marié, un enfant.

A la liste des morts, il faut ajouter les noms d'autres victimes qui n'appartenaient pas à la garde nationale et qui, pour la plupart, n'avaient pas combattu. Les voici :

Belin, cultivateur, 53 ans, fusillé.
Berger Eugène, 44 ans, tué accidentellement pendant le combat.
Chanal Victor, 35 ans, fusillé.
Christophe Jean-Nicolas, 49 ans, fusillé

Lecomte Nicolas, 61 ans, tué accidentellement pendant le combat.
Mangin Jean-Baptiste, 18 ans, tué accidentellement pendant le combat.
Pierre, 20 ans, fusillé.
Jacquot Antoine, 31 ans, assassiné le 10 octobre.
Collot Jean-Baptiste, 65 ans, assassiné le 12 octobre.

L'assassinat de ces deux dernières victimes n'a aucune relation avec le combat.

Les listes précédentes portent donc le nombre des morts à 28, dont 19 gardes nationaux. On ne parle que de 6 blessés au rapport officiel. Cependant beaucoup d'autres furent touchés, par exemple Perry et Bochard.

Les Récompenses officielles.

J'ai parlé tout à l'heure, à propos de la liste des morts et des blessés, du rapport adressé à ses chefs par le commandant Petitjean.

A la suite de ce rapport, le gouvernement de M. Thiers accorda aux survivants les distinctions suivantes :

La croix d'officier de la légion d'honneur au capitaine Besson, déjà chevalier.
La croix de chevalier au capitaine Dussourt.
La médaille militaire aux gardes nationaux Arnoux, Joly, Pierre et Retournard.

Le commandant Petitjean n'avait pas parlé de lui-même et n'avait rien demandé. Il s'était même gardé de joindre à son rapport une lettre où ses officiers protestaient contre l'oubli volontaire de ses propres actions.

Épilogue.

La défense de Rambervillers égale au moins en héroïsme celles de Saint-Quentin et de Châteaudun, car ici nous ne suivions pas au combat des troupes régulières ou des francs-tireurs : nous combattions de notre propre mouvement et avec nos seuls moyens ; nous compromettions la vie et la fortune des habitants pour sauver l'honneur.

On le sait peu en France.

C'est que, pendant toute l'occupation allemande, il a fallu cacher avec le plus grand soin le nom des combattants : il y allait de leur vie.

La libération ne vint qu'après de longs mois. A Rambervillers, on avait pris l'habitude de considérer ce fait d'armes comme tout naturel ; on répétait déjà ce que j'ai entendu dire à l'un des plus vaillants : « Je n'ai fait que mon devoir, et bien petitement ».

L'histoire elle-même n'a pas pu réagir contre cet oubli :

La défense de Rambervillers fut sans influence sur l'issue de la guerre, aussi l'histoire la traite en simple épisode.

Cependant, je crois l'avoir montré, elle mérite mieux.

Jadis, aux temps des guerres contre les Bourguignons, les habitants de Laveline prirent aussi les armes pour la Patrie : le duc René les fit chevaliers.

Après la guerre de 1870, M. Thiers ajouta aux armes de Châteaudun la croix de la légion d'honneur.

Ne serait-ce pas justice de graver aussi la croix des braves au fronton de cet Hôtel-de-Ville, où les Prussiens ne parvinrent qu'après quatre heures de combat, et de consacrer par là un glorieux souvenir et un sublime exemple ? (1)

---

(1) M. le docteur Lardier, maire de Rambervillers, a pris l'initiative de réclamer pour la ville cette décoration. Les autres démarches n'ont pas encore obtenu le succès qu'elles méritaient.

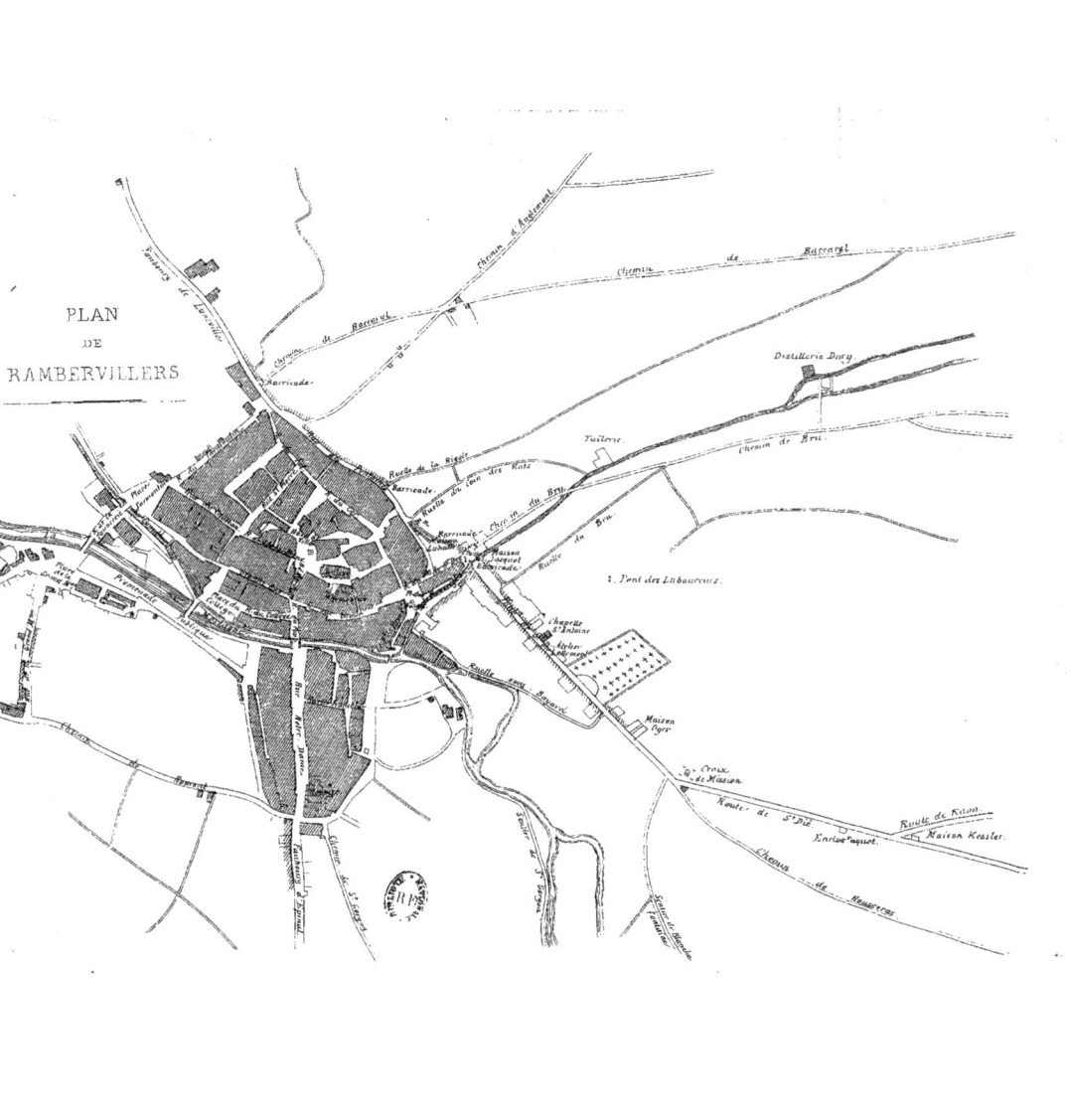

Lh 5/1424

www.ingramcontent.com/pod-product-compliance
Lightning Source LLC
Chambersburg PA
CBHW061014050426
42453CB00009B/1440